AF247081

LA
PLANCHE DE SALUT

PAR J. MALLET.

> Dieu veuille que ce soit assez à temps pour épargner à notre chère patrie tous les malheurs dont elle est menacée.
>
> Mgr le comte DE CHAMBORD.

PARIS

CHEZ TOUS LES LIBRAIRES

—

1871

Paris — E. De Soye et fils, impr., place du Panthéon, 5.

LA

PLANCHE DE SALUT

Nous avons vu Paris incendié, mutilé, ensanglanté! Paris, la ville des arts et du commerce, le centre de la civilisation, la maîtresse du monde par la science.

Après tant de désastres et de calamités, serons-nous toujours esprits légers et frivoles, vivant toujours dans le présent, n'apprenant rien du passé, saisissant, sans réflexion, la première planche qui se présente, sans prendre garde au torrent qui, s'en allant grossissant, peut demain nous emporter dans le gouffre toujours béant des révolutions?

On le dirait presque, à nous voir reprendre nos anciennes allures et nos errements d'hier.

C'est ainsi que l'absence de principe, notre éducation nationale, notre vanité naturelle nous font oublier que, sous ce sol que nous foulons, il existe toujours le même volcan, prêt à faire éruption, volcan qui menace de nous envelopper de sa lave incendiaire.

Croyons bien, en effet, que ces hommes sans foi, sans convictions, par qui cette insurrection sacrilége et abominable a été allumée et soufflée, n'ont pas abandonné le complot qu'ils ont formé de désorganiser la société afin de s'en mieux disputer les dépouilles. Non ; ils veillent toujours, et partout ils ont des affidés qui, sous le masque hypocrite du dévouement aux classes populaires, ont résolu de bannir Dieu de la société, de la famille, et aspirent à émanciper les peuples du joug bienfaisant et tutélaire de la religion.

Mais qu'ont-ils fait pour le peuple, ces utopistes et doctrinaires, depuis un siècle bientôt qu'ils s'en sont proclamés les protecteurs? Quel enseignement lui ont-ils donné, si ce n'est d'avoir dénaturé dans son esprit et effacé de son cœur, la vraie notion de Dieu, et avec l'idée de Dieu, la sanction du devoir, de la morale, de la justice et de l'amour du prochain? Or, en lui enlevant l'espérance de ses immortelles destinées, en lui voilant l'image du Dieu crucifié, ce talisman qui adoucit toutes les douleurs, apprend à être humble sans bassesse, et aide à supporter le poids du travail et de la misère, ils ont fomenté en lui toutes les passions qui, un jour, se sont déchaînées plus furieuses que les flots de la mer.

En effet, si vous m'enlevez, à moi prolétaire et déshérité, l'espérance qui jaillit du Calvaire, que me font vos lois, vos forces coercitives, vos commissaires et vos gendarmes? Les richesses et les

trésors de mes semblables ne deviennent-
ils pas les miens? Ces palais et ces mo-
numents publics, dans lesquels sont en-
tassés des millions, fruits de mes labeurs
et de ceux de mes frères, ne m'appartien-
nent-ils pas? Triste, mais impitoyable lo-
gique.

Dans ces ruines encore fumantes et dont
le souvenir, cependant, tend déjà à s'effa-
cer de nos esprits, tant nous sommes dis-
traits ! reconnaissons les doctrines fausses, prônées dans les écoles et jetées,
depuis plus d'un siècle, aux quatre vents
du ciel, doctrines fausses en politique, en
religion, en économie, en histoire , en
littérature.

Tous les écrivains, orateurs, journa-
listes, tous les dévoyés, tous ceux, en un
mot, qui voulaient arriver ou se faire une
réputation d'hommes de leur époque, es-
quissaient à grands traits chaque émeute,
chaque révolution, comme une conquête
de l'esprit humain sur le fanatisme et la

superstition, et la signalaient comme une nouvelle étape dans le progrès de la civilisation.

Le drame le plus sanglant de notre histoire, drame qui sera toujours sa page honteuse, trouvait son apologie dans tous ces écrits, ces romans et feuilletons à la mode.

Aussi ces leçons d'histoire que M. Duruy, alors grand maître de l'université, regardait comme fondement de l'instruction publique, n'ont pas été oubliées; et les insurgés du 18 mars 1871 ont surpassé, sinon en atrocités, du moins en lâchetés et en ignominies, leurs ancêtres de 1793. En effet, tous leurs actes de banditisme, ils les ont accomplis alors que le sol de notre belle patrie était encore souillé par la présence de l'étranger, comme s'ils avaient compté, pour le succès de leurs plans, sur l'occupation prussienne !

Ces dignes imitateurs des Danton, Marat et Robespierre n'ont reculé devant aucun forfait, et, après avoir pillé, dévasté les sanctuaires de nos églises, profané les saints tabernacles, pollué les vases sacrés, ils ont immolé l'éminent et docte prélat qui, dans ces temps bien difficiles, présidait à l'administration spirituelle du diocèse de Paris, ont massacré indignement ses compagnons captifs, et l'âge presque octogénaire du vénéré curé de la Madeleine, ce type de bienfaisance et de charité, dont la voix éloquente s'était fait si souvent entendre en faveur de la paix et de la concorde, n'a pu trouver grâce auprès de ces scélérats !

Ah ! saluons en passant, saluons avec un pieux respect ces innocentes victimes, ces saints religieux, dignes fils de Saint-Dominique et de Saint-Ignace, ce vieux magistrat Bonjean, tous fusillés, sans sursis et sans jugement, par ces monstres qui, au moyen de ces massacres et de ces ruines, aspiraient à inféoder la France à la république universelle.

Il n'a manqué à ces bandits qu'une hécatombe pour égaler leurs pères. Mais Dieu a eu pitié du royaume de saint Louis, et les prières de Louis XVI, ce roi martyr, ont été accessibles auprès du trône de la divine miséricorde.

Toutefois, il faut en convenir, ces hommes de la Commune ne sont pas les seuls coupables, car à chacun sa part de responsabilité dans cet effondrement social.

Qu'avez-vous fait, en effet, de la France, vous, gens honnêtes et habiles? Vous reposant dans un éclectisme sympathique à votre caractère conciliant, vous avez laissé le mal s'accomplir. Saluant d'heureux expédients ces gouvernements bâtards surgis de l'insurrection et de la surprise, parce qu'ils éloignaient momentanément le spectre rouge, vous dormiez tranquilles et insouciants du danger du lendemain. Pourvu que vos affaires allassent bien, que vos ambitions fussent satisfaites, votre moindre souci était de savoir si les principes de la religion, de la justice et de l'équité étaient observés.

Le régime dissolvant du gouvernement impérial n'a fait que précipiter le dénoûment fatal de toutes les causes de décadence et d'affaissement moral, posées par le dix-huitième siècle, si bien appris par l'oracle de Ferney et des encyclopédistes.

Tout, dans ces derniers temps, était honoré, Dieu et la vertu exceptés !

En effet, plus d'esprit public, plus d'esprit de famille. Dans toutes les classes de la société, le luxe, la soif de l'or, l'agio-tage, l'amour des jouissances matérielles, en un mot, le sensualisme avait atteint son dernier paroxysme. La fidélité, la droiture, le désintéressement, toutes ces vertus sociales étaient tombées en désuétude ou audacieusement exploitées par le plus fin et le plus adroit. La curée des places et des honneurs était à l'intrigue, à la servilité, à la débauche.

Tous les corps, ayons la franchise de le dire, étaient imprégnés plus ou moins de cet esprit dissolvant.

Les campagnes ! Mais il n'est pas même ces contrées, où la pratique extérieure de la religion est encore généralement observée, qui ne se soient ressenties de cet affaiblissement des caractères. Le dévergondage des mœurs, la subtilité dans l'art de tromper, l'amour excessif du gain n'y sont-ils pas plus en honneur que les préceptes du Décalogue? L'influence du cabaret, si puissant agent de corruption sous le dernier empire, n'a-t-elle pas été, en effet, substituée à l'enseignement religieux? Les préfets et les maires de l'empire n'avaient-ils pas reçu mission, en vue des votes plébiscitaires, d'émanciper les populations rurales de l'influence cléricale? Et aujourd'hui, ne voyons-nous pas les bonapartistes et les républicains faire, pour ainsi dire, cause commune, avec l'intention de s'exploiter plus tard les uns les autres, dans cette propagande de bruits infâmes, faux et calomnieux?

C'est par cette propagande infernale que les classes populaires, si audacieusement abusées, deviennent, à leur insu, victimes des plus déplorables erreurs. On les tient sous le joug de la peur ou on les flagorne par une popularité hypocrite et calculée, en faisant miroiter à leurs yeux un avenir idéal et impossible, comme si « gouverner consistait à flatter les passions des peuples et non à s'appuyer sur leurs vertus (1). »

C'est ainsi que, depuis plus de quatre-vingts ans, nous voguons sur une mer d'illusions et pleine de périls, sans autre boussole que nos convoitises et notre intérêt personnel, ne tenant aucun compte

(1) M. le comte de Chambord.

des avertissements, parfois terribles, de la Providence.

Enserrés pendant vingt ans dans un césarisme qui nous a conduits à deux doigts de notre perte, nous serions encore tout prêt à baiser les chaînes que viendrait nous imposer un nouveau César ! car, qu'on ne s'y trompe pas, les mêmes causes produisent toujours les mêmes effets.

Pour qu'une société prospère et ne soit pas le jouet des révolutions, il faut qu'elle soit présidée par un principe d'autorité incontestée. Or toute autorité ne peut venir que de Dieu. *Omnis potestas a Deo.* Tous les hommes, en effet, sont égaux par droit naturel, et nul d'entre eux ne saurait légitimement s'approprier le pouvoir, s'il n'a reçu de Dieu une délégation directe ou médiate. Donc les gouvernements, quels qu'ils soient, monarchie, république ou oligarchie, ne sauraient avoir de sanction morale qu'autant qu'ils sont légitimes et représentent cet ordre voulu et établi par la Providence. Faire donc résider dans le peuple la souveraineté et lui donner le pouvoir de changer capricieusement sa constitution, c'est non-seulement rejeter toute intervention indirecte de Dieu, mais proclamer la légitimité de l'émeute ; en conséquence, c'est vouer une nation à l'individualisme et au despotisme le plus monstrueux; c'est consacrer, en un mot, le droit du plus fort et du fait accompli. En effet, la majorité triomphe aujourd'hui; demain, une minorité factieuse. Qui ne comprend alors que proclamer la souveraineté du peuple, c'est ouvrir l'ère incessante des révolutions?

Les nations étant constituées sous l'action de la Providence, se sont approprié, dès leur formation, les éléments essentiels à leur existence et à leur développement. Or toute lésion grave dans un corps produit la désorganisation, et par suite la destruction ou la mort. Donc, toucher à une des lois fondamentales qui régissent un peuple, c'est provoquer en son sein un dualisme perpétuel, tant dans l'ordre matériel que dans l'ordre intellectuel et moral; c'est, par conséquent, le conduire au suicide. Le pouvoir ainsi établi en dehors du droit national, ne tenant sa force que de l'épée ou n'ayant d'autre sanction que la volonté suprême et absolue de celui qui l'a usurpé, ne peut que devenir tyrannique ou oppresseur.

Tel est l'abîme où nous conduisent ces brillantes et fantastiques théories sur la souveraineté du peuple.

C'est pour avoir méconnu ces vérités trop évidentes que la France, ayant déchiré sa constitution fondamentale, n'a jamais pu arrêter le cours des révolutions et a fini par venir sombrer dans le cataclysme de 1871, après être devenue tour à tour la proie du césarisme et de la démagogie.

C'est en vertu des mêmes errements,

mais dans un autre ordre d'idées, que Rome, la ville éternelle, est aujourd'hui entre les mains de sicaires et d'assassins, et que le roi-pontife, l'auguste Pie IX d'immortelle mémoire, est gardé captif au Vatican, pendant que Victor-Emmanuel, le roi galant-homme, célèbre au Quirinal le festin de Balthasar.

Mais le jour de la justice approche pour l'Italie comme il a éclaté pour la France. Toutes deux sont sœurs : quoique appelées à vivre chacune sous un gouvernement d'une nature différente, leurs destinées sont indissolublement liées. Dieu, en effet, qui a fait Rome le siége de la catholicité, a adopté la France de Clovis et de Charlemagne pour sa fille aînée. C'est dans les plaines de Tolbiac que s'est passé, la première fois, ce contrat synallagmatique, contrat qui ne saurait être déchiré sans que la France périsse. Aussi, de son élan et de son zèle pour la défense de l'Église et de son vicaire ont toujours dépendu sa prospérité et sa gloire ; et, chose assurément bien digne de remarque, c'est à partir du triomphe de l'astucieuse politique de Napoléon III à l'égard du saint-siége, que nous avons vu fondre sur nous cette série de désastres inaugurée par les batailles de Forbach et de Wœrth. Mais le sang de tant d'enfants de la France, tombés glorieusement dans le guet-apens de Castelfidardo et dans les collines de Mentana n'aura pas coulé en vain, et de ce sang pur et fécond jailliront de nouvelles phalanges de héros qui, à l'heure marquée par la divine providence, rétabliront dans son indépendance de roi et de pontife celui qui a pour mission, au milieu des écueils et des épaves de ce monde, de tenir à l'ancre le vaisseau de l'Église, dans le port de la vérité et du salut. Nous en avons la ferme assurance !

Nous savons, en effet, que Dieu n'aime rien tant sur la terre que la liberté de son

Église, et que les châtiments les plus sévères attendent ses persécuteurs. Ce que Dieu a fondé ne saurait être renversé par les mains des hommes. Un prophétique anathème a été lancé : « Celui qui tombera sur cette pierre s'y brisera, et celui sur qui elle tombera en sera brisé. » L'histoire nous en offre de bien frappants exemples. Napoléon III ne l'ignorait pas : aussi écrivait-il à M. de Tocqueville, à propos de sa fameuse lettre à M. Edgar Ney, lettre qui, aux yeux clairvoyants, devait faire pressentir l'homme : « Mon oncle est tombé pour avoir touché au pape... Mais il y a une manière de s'y prendre. » Et son cousin, le prince Napoléon avait laissé échapper cet aveu : « L'Italie est destinée à en finir avec le catholicisme à Rome, comme la Prusse à Vienne. » L'empereur, en effet, a livré Rome à Victor-Emmanuel, et pour chaque soldat enlevé au pape il a laissé mille guerriers entre les mains des Prussiens. Cependant

Pie IX a atteint les années de saint Pierre et est encore au Vatican! Il compte plus de cent millions de sujets prêts à verser leur sang pour lui, tandis que Napoléon III répète tristement dans l'exil : « Je suis tombé parce que j'ai touché au pape! »

Toutefois, si on ne peut porter atteinte impunément au droit national, nous ne faisons pas de difficulté d'avouer que les constitutions, par cela même qu'elles sont l'œuvre du temps, sont perfectibles dans la limite assignée par Dieu à l'accomplissement de ses desseins. Mais, en se modifiant, elles n'en conservent pas moins leurs éléments primitifs, appropriés aux mœurs, au caractère, aux passions même du peuple qu'elles régissent.

C'est ainsi que la monarchie française s'est successivement transformée de monarchie absolue en monarchie tempérée, puis en monarchie constitutionnelle, et il est incontestable que, sans la révolution de 1793, sans celle de 1830, sans l'insurrection de 1848, et enfin sans le coup d'État de 1851, la France aurait acquis cette grandeur progressive qui l'aurait maintenue à la tête de la civilisation. Autrement, il faudrait dire que les révolutions sont un mal nécessaire, ce qui serait une hérésie et nous conduirait au fatalisme.

C'est donc dans le principe de la monarchie légitime et séculaire, monarchie qui a été la constitution primitive de la France, que nous trouverons le salut. C'est par le retour à cette antique monarchie qui a donné à la France plus de quatorze siècles de gloire, et dont Mgr le comte de Chambord est le légitime représentant, que nous clorons l'ère des révolutions qui nous ont fait devenir la risée de l'Europe. C'est cette monarchie seule qui peut nous procurer l'alliance de l'autorité avec la liberté. Hors de là, anarchie ou despotisme.

Cette alliance, cimentée par la fusion de tous les membres de la famille de Bourbon, ayant pour chef Henri V, nous fera reprendre notre rang à la tête des nations de l'Europe ; c'est par cette alliance que nous recouvrerons le repos et la prospérité ; c'est par elle que se rétablira notre commerce, que se reconstituera notre crédit et que se referont nos finances.

Mais le temps presse, le gouvernement Thiers n'est qu'une halte ou dans la révolution ou entre la révolution et le rétablissement d'un gouvernement stable et régulier. A nous de choisir. Si nous recourons encore aux expédients, nous tombons de Charybde en Scylla, nous assurons le triomphe de la démagogie dont nous venons de contempler les hauts faits, démagogie qui sera bientôt exploitée par quelque audacieux César qui nous replongera, pieds et mains liés, dans le despotisme, despotisme d'autant plus redoutable qu'il sera le fruit de nos discordes et l'aveu de notre impuissance.

Ne voyez-vous pas déjà les anciens officieux de l'empire se mouvoir, s'agiter dans l'ombre? N'ont-ils pas en France, à l'étranger, des journaux à leur solde? Or, franchement, consentirions-nous à nous livrer de nouveau au despotisme impérial, à ce gouvernement cloué à tout jamais au pilori de l'histoire, gouvernement qui, par sa jactance, son imprévoyance, son ineptie et son incapacité, a sacrifié inutilement le sang de nos enfants qui crie vengeance? Le retour à l'empire serait le signe d'une génération abâtardie, pourrie, incapable de liberté!

La religion, l'ordre et la liberté sont les bases d'un bon gouvernement. Or le césarisme, ce gouvernement absorbant, ne saurait offrir cette triple alliance. Sous le césarisme, en effet, la religion n'est plus qu'un instrument, qu'une humble esclave que l'on répudie si elle vient à opposer le *non possumus* aux volontés de César; l'ordre, que le despotisme organisé; et la liberté, sous le prétexte d'en définir les limites, que la compression de toutes aspirations nobles et généreuses et de tous sentiments élevés. C'est ainsi que Napoléon III a dissous la société de Saint-Vincent de Paul.

Mille fois, assurément, serait préférable la république à l'empire, la république honnête. Mais chercher le remède à nos maux dans la république même tricolore serait vouloir, au milieu des décombres qui attristent nos regards, faire un nouvel essai, essai infructueux, dans le monde des chimères et des illusions.

L'étude du caractère français et l'expérience du passé prouvent qu'il serait impossible d'asseoir d'une manière stable la république en France, tout aussi bien que de prétendre y établir le gouvernement théocratique. Les massacres et les horreurs de 1792 et 1793 n'ont-ils pas été la conséquence de la séance du 23 juin 1789, cette séance de la salle du jeu de paume ? L'insurrection de juin 1848, celle de la république de 1848? Le pillage, les incendies et les fusillades de la commune de 1871, celle de la république de 1870? Or serait-il sage qu'après ces expériences successives de la république, nous consentissions à en recommencer l'épreuve? « Les institutions républicaines qui peuvent correspondre aux aspirations de sociétés nouvelles ne prendront jamais racine dans notre vieux sol monarchique. »

N'entendons-nous pas déjà frémir ce sol, et, à Paris comme en province, à l'occasion des élections du 2 juillet 1871 et des élections municipales, n'avons-nous pas vu ces conspirateurs de tout ordre religieux, politique et social, dresser leurs batteries? Prenons-y garde : l'ennemi veille, les sociétés secrètes ont reçu le mot d'ordre.

Ne voyons-nous pas, en effet, l'Internationale recruter partout, en Angleterre, en Belgique, en Russie, en Espagne, tous les libres penseurs, les solidaires, les

francs-maçons et autres ennemis de l'É-
glise et de la société, et vouloir faire de la
France et de l'Italie les deux principaux
théâtres de ses hautes œuvres? Ah! prenons
garde que ce cri effroyable : Il est trop tard !
vienne retentir à nos oreilles. Mais « ce ne
« sont pas seulement les sectes impies qui
« conspirent contre l'Église et contre
« la société, ce sont encore tous ces
« hommes qui, lors même qu'on leur sup-
« poserait la plus entière bonne foi et les
« intentions les plus droites, caressent les
« doctrines libérales que le saint-siége a
« souvent désapprouvées. Ces doctrines,
« qui favorisent les principes d'où naissent
« toutes les révolutions, sont d'autant plus
« pernicieuses peut-être que, de prime
« abord, elles paraissent plus généreuses.
« Les principes évidemment impies ne
« peuvent atteindre, en effet, que les esprits
« déjà corrompus; mais des principes qui
« s'enveloppent du voile du patriotisme et
« du zèle de la religion, des principes qui

« mettent en avant les aspirations des hon-
« nêtes gens, séduisent aisément les gens
« biens et les détournent, à leur insu, des
« vraies doctrines pour les incliner vers
« des erreurs qui, prenant bientôt de plus
« larges développements, et traduisant en
« actes leurs dernières conséquences,
« bouleversent tout l'ordre sociale et per-
« dent les peuples (1). »

Si nous voulons être sauvés, c'est à nous à répudier toute alliance, tout compromis avec la révolution, à repousser toutes ces constitutions bâtardes, et à revenir à la constitution primitive et naturelle de la France ; à reconnaître, en un mot, le droit national de la royauté dans la personne de Henri V. Point de milieu.

Craindre, dans la restauration de l'antique monarchie française, le retour des droits féodaux et de la prédominance de la noblesse, c'est un anachronisme !

(1) Bref de Sa Sainteté Pie IX à Mgr de Ségur, à l'occasion de son opuscule *Vive le roi !*

La féodalité, en effet, ce gouvernement si bien tempéré, a dit Montesquieu, et dont le comte de Maistre ajoute qu'il fut, à son point de maturité et d'équilibre, ce que l'on a vu, en fait de gouvernement, de plus parfait sur la terre, n'a été qu'un lange de la société française, une institution qui n'a plus sa raison d'être, et c'est sur ses ruines que l'édifice de la royauté a grandi et s'est transformé progressivement. — Aujourd'hui, ce régime a complétement disparu, et son retour est impossible.

L'égalité des citoyens devant la loi est, en effet, tellement dans nos mœurs, qu'il ne peut y avoir d'autres distinctions sociales que celles qui dérivent naturellement des rapports d'éducation, d'instruction, ou qui sont la conséquence voulue de cette hiérarchie sans laquelle une société, même la plus démocratique, ne pourrait exister.

Qui de nous ne voudrait que cette égalité devant la loi ne fût encore plus scrupuleusement observée? Or elle ne saurait l'être que sous un gouvernement honnête, fort et régulier, fondé sur le droit national. N'avons-nous pas vu, sous l'empire, quel exclusivisme brutal présidait à la justice distributive et à la répartition des faveurs et des emplois? Était proscrit ou condamné qui n'était pas réputé l'ami de César, comme servant à ses plaisirs ou enrôlé dans la police secrète.

La noblesse. Ah! plût à Dieu qu'elle fût restée plus en honneur parmi nous! je veux parler de cette vraie noblesse qui consiste dans la dignité et l'indépendance du caractère, dans le respect de soi et des autres, dans le dévouement à ses semblables, dans la fidélité à son blason. S'il est glorieux de compter d'illustres aïeux, plus honorable encore est d'en retracer les actions et les vertus. Mais les socialistes impérialistes et les socialistes républicains ont, pour le succès de leur cause, qu'ils savent mauvaise, travaillé d'un si unanime concert au dénigrement de tout ce qui était une protestation contre leur origine problématique ou leur vie d'aventures, qu'ils ont su rendre odieux ou suspect aux oreilles du peuple ce qui a reçu du temps une légitime consécration. Inutiles efforts ! il existe une loi éternelle de solidarité pour l'héroïsme du courage et de la vertu, comme pour le vice et l'infamie, loi redoutable, mise trop en oubli de nos jours !

Les mouvements révolutionnaires sont toujours préparés par les mêmes moyens : le dénigrement et la calomnie. Ce sont ou les prêtres qui aspirent à rétablir la dîme, impôt, du reste, fort léger en comparaison de ceux que nous payons aujourd'hui, ou les nobles, comme s'il existait encore des désignations de castes, qui, voulant recouvrer leurs anciens priviléges, mettent eux-mêmes le feu à leurs châteaux, envoient de l'argent aux Prussiens et défendent à leurs fer-

miers de vendre leurs grains pour les ac-
caparer. Mais les propagateurs de ces
bruits sont des imposteurs et les pires ennemis du peuple. L'expérience ne prouve-
t-elle pas, en effet, que dans les émeutes
et les révolutions, ou lorsque la patrie est
en danger, ce sont les prêtres et les nobles
qui payent toujours les premiers de leurs
personnes? C'est la loi d'expiation, que le
sang innocent satisfasse pour les coupables !

Mais s'il existait encore des doutes dans
nos esprits sur les conséquences de la restauration de la monarchie légitime et hé-
réditaire en la personne de Henri V, écou-
tons-le lui-même traçant les points fon-
damentaux du gouvernement qu'il désire
pour la France :

« Un pouvoir fondé sur l'hérédité mo-
« narchique, respecté dans son principe et
« dans son action, sans faiblesse comme
« sans arbitraire; le gouvernement repré-
« sentatif dans sa puissante vitalité; les dé-
« penses publiques sérieusement contrô-

« lées; le règne des lois; le libre accès de
« chacun aux emplois et aux honneurs; la
« liberté religieuse et les libertés civiles
« consacrées et hors d'atteinte; l'adminis-
« tration intérieure dégagée des entraves
« d'une centralisation excessive; la pro-
« priété foncière rendue à la vie et à l'in-
« dépendance par la diminution des char-
« ges qui pèsent sur elle; l'agriculture, le
« commerce, l'industrie constamment en-
« couragés, et au-dessus de tout cela, une
« grande chose : l'honnêteté ! »

Peut-il y avoir un programme d'une
constitution plus libérale, programme que
Mgr le comte de Chambord vient de renou-
veler par son magnifique manifeste du 5
juillet?

« Français,

« Je suis au milieu de vous.
« Vous m'avez ouvert les portes de la France,
« et je n'ai pu me refuser le bonheur de revoir ma
« patrie.
« Mais je ne veux pas donner, par une présence

« prolongée, de nouveaux prétextes à l'agitation
« des esprits, si troublés ce moment.

« Je quitte donc ce Chambord que vous m'avez
« donné, et dont j'ai porté le nom avec fierté,
« depuis quarante ans, sur les chemins de l'exil.

« En m'éloignant, je tiens à vous le dire, et je
« ne me répare pas de vous, la France sait que je
« lui appartiens.

« Je ne puis oublier que le droit monarchique
« est le patrimoine de la nation, ni déchirer les
« devoirs qu'il m'impose envers elle.

« Ces devoirs, je les remplirai, croyez-en ma
« parole d'honnête homme et de roi.

« Dieu aidant, nous fonderons ensemble et
« quand vous le voudrez, sur les larges assises de
« la décentralisation administrative et des fran-
« chises locales, un gouvernement conforme aux
« besoins réels du pays.

« Nous donnerons pour garantie à ces libertés
« publiques auxquelles tout peuple chrétien a
« droit, le suffrage universel honnêtement pra-
« tiqué et le contrôle des deux chambres, et nous
« reprendrons, en lui restituant son caractère
« véritable, le mouvement national de la fin du
« dernier siècle.

« Une minorité révoltée contre les vœux du
« pays en a fait le point de départ d'une période
« de démoralisation par le mensonge et de désor-
« ganisation par la violence. Ses criminels atten-

« tais ont imposé la révolution à une nation qui
« ne demandait que des réformes, et l'ont dès
« lors poussée vers l'abîme où hier elle eût péri,
« sans l'héroïque effort de notre armée.

« Ce sont les classes laborieuses, ces ouvriers
« des champs et des villes dont le sort a fait
« l'objet de mes plus vives préoccupations et de
« mes plus chères études, qui ont le plus souffert
« de ce désordre social.

« Mais la France, cruellement désabusée par
« des désastres sans exemple, comprendra qu'on
« ne revient pas à la vérité en changeant d'erreur;
« qu'on n'échappe pas par des expédients à des
« nécessités éternelles.

« Elle m'appellera et je viendrai à elle tout
« entier, avec mon dévouement, mon principe et
« mon drapeau... »

Quel noble langage ! et quelle objection peut-on apporter à une déclaration si claire et si franche ?

La question du drapeau ! Mais quel obstacle sérieux peut apporter à la fusion des deux grands partis monarchiques cette question du drapeau, si loyalement tranchée par Mgr le comte de Chambord ?

Le drapeau blanc n'est-il pas le drapeau de la France par excellence, le drapeau de

Henri IV, ce roi si justement appelé le père du peuple ou le *bon Henry* ? C'est ce drapeau qui a fait l'unité de la France, qui a conquis l'Alsace et la Lorraine, provinces dont « la fidélité sera la consolation dans nos malheurs. » Ah ! si le drapeau blanc essuya parfois des revers, il ne compromit jamais l'honneur de la France. Le drapeau tricolore, sorti de l'émeute, malgré toutes ses gloires conquises par notre vaillante armée et par les princes mêmes de la maison de Bourbon, a abrité pendant vingt ans, le despotisme impérial. C'est lui qui flottait sur l'Élysée lorsque s'accomplit l'odieux coup d'État ; c'est sous sa protection que furent décrétées les lois de l'exil et de proscription contre nos plus illustres généraux, ces gloires d'Afrique dont le drapeau fleurdelisé avait encouragé les premiers faits d'armes ; c'est ce drapeau que, pour mieux déguiser leurs desseins, les républicains socialistes invoquent aujourd'hui comme symbole de la liberté, pour demain le remplacer par le drapeau rouge, symbole de l'anarchie !

Ah ! redevenons donc Français par l'esprit et par le cœur, en oubliant toutes nos haines, nos dissensions et nos rancunes, en faisant taire nos préjugés et en fermant l'oreille aux calomnies. Reprenons nos antiques traditions, et flétrissons à tout jamais et le gouvernement de l'empire qui nous a livrés sciemment à l'étranger, et ceux de nos frères égarés qui, au nom de la république, ont osé tourner contre leur mère le fer destiné à chasser les envahisseurs de nos foyers ; unissons-nous sous ce drapeau sur lequel Mgr le comte de Chambord vient de tracer ces trois mots : « Droit, ordre et liberté. » La France alors reprendra sa place à la tête des nations de l'Europe, et inscrira encore des fastes glorieux dans l'histoire de la civilisation et du progrès. Vive Henri V ! vive le roi ! vive la France !

Bréal-sous-Montfort, 31 juillet 1871.

FIN.